JN409947

가을 한 보따리

가을 한 보따리

처음 박은날 : 2006년 9월 5일
처음 펴낸날 : 2006년 9월 15일

지은이 : 김창수
펴낸이 : 김영식
펴낸곳 : 도서출판 들꽃누리

서울시 광진구 자양2동 605-30 2층
전화 : (02)455-6365 · 팩스 (02)455-6366

등록 : 제1-2508호

E-mail : draba21@dreamwiz.com

ISBN 89-90286-22-0 값 5,000원

*잘못 만들어진 책은 바꾸어드립니다.

가을 한 보따리

김창수 시집

들꽃누리

여는 글

I

가포억병 가포억병…….

(가난하고 포로되고 억눌리고 병든 자들)

주문처럼 늘 외고 다녔건만

나는 가포억병의 현장에 없음을 발견합니다.

그 할머니의 단칸방은 다른 이들이 차지하고 있었습니다.

그 소녀 가장의 전화번호는 없는 번호가 되어 있었습니다.

남해 한 섬의 개척교회 목사님으로부터 온 선교 편지는

읽혀지지 못한 채 내 책상 구석에 몰려 있었습니다.

메마른 손, 손, 손들을 잡아본 지 정말 오래되었습니다.

(눅 4 : 18 - 19)

II

그는 해질녘 바닷가에 한동안 앉아 있었습니다.

어둠이 수면 위에서 거친 숨을 내쉴 때쯤

바다 옆의 자그마한 산을 올랐습니다.

풀벌레들의 잔잔한 울음소리

누군가의 따스한 가슴을 찾고 있는 가녀린 소리

이따금 한 줄기 솔바람에 쓸려가 버리기도 하고
파란 달빛에 사그라들기도 하였습니다.
그는 저만치 한적한 곳
바위에 몸을 기대고 두 손에 머리를 묻고
기도하기 시작하였습니다.
풀섶에 맺히는 찬이슬이 그의 어깨에도
덮이고 있었습니다.
별들은 가물가물
달은 중천을 떠나 나뭇가지 위에
몸을 뉘고 있었습니다.
그 숱한 가을 벌레들의 울음소리를 다
품었는가, 숲은 적막에 빠지고
밤 사경이 돼서야 그는 몸을 일으켰습니다.
회백색의 거룩한 실체가
종용히 바닷가로 사라지고 있었습니다.

(마태복음 14 : 22 - 25)

2006년 8월 김창수

차 례

제 3 부 거룩한 밤 • 105

제 1 부

십자가

십자가

십자가를 바라보며
똑바로 나아가리라 다짐하면서
한 발짝 한 발짝
찬찬히 걸음을 옮길지라도
어느새 십자가에서
멀어지고 있는 나를 발견합니다.
다시 한번 가다듬고
가까이 가려 하나
영락없이 곁길로 빠져 버립니다
그런데 이상한 것은
내가 너무 멀리 왔다고
이러면 안 된다고 후회하며
주님을 찾기만 하면
형언할 수 없는 광채로
십자가는 다시 내 앞에
빛나고 있습니다.

어차피 믿어야 한다면

어차피 믿어야 한다면
믿어서 다시 사는 생명이
내 속 어디멘가 움트고 있다면
이 한 몸 부서지는 것이 대수로운 일일 건가.
살을 찢어 피 흘리는 한이 있더라도
밤마다 시퍼런 달빛에 삭고 삭아
백골로 빛난다 하더라도
내 존재의 모든 질량은
사랑이라는 원소로 산화하리라.
어차피 믿어야 한다면
쓰디쓰다는 죽음도
한 컵 단숨에 들이키면 그뿐
망설이고 주저하지 말지니
살구꽃 휘휘 날리는 것처럼
몸뚱이 잘게 썰어 바람에 흩으리라
내 무엇을 두려워하리
그래 이 몸을 날카로운 못 판에 굴려보시오

송진을 흥건히 발라 불붙여 보시오
아아 사지를 찢으시오. 못 박으시오.
어차피 믿어야 한다면
남은 눈물 뼛속에 아끼며 비겁하지 않으리
죽어가는 자들의 가슴 골짜기에
한 송이 꽃이라도 피워낸다면
새벽 미명에 서리 덮인 한 덩이
주검이 된들 어떠하리.

란조우[1]에서

황사의 근원지
모래 산에는 오직 달과 별만이
아무 말없이 아무 표정없이
억겁을 살고

인민들의 마른 뼈와 가슴들
창세로부터 삭고 삭아
바람 휘몰면 뽀얀 먼지 구름 일으키고

모든 것이 금속성의 껍데기
그 속에 육체만이 꿈틀거리고
영혼은 살짝살짝 모래 뿌려 장사지낸다

란조우
들어간 빛은 다시 빠져 나오지 못하는

---

1) 중국 내륙 지방에 있는 도시

사랑하는 사람들은 모두
헤어짐으로 끝을 맺어야 하는
그 신기루의 도시에서
머리와 눈썹, 온몸에 하얀 재를 쓰고
활보하는 사나이, 김팔봉 선교사[2] 만나다.

2) 김팔봉 선교사는 가명

아주 깊은 울음

어젯밤에는 주님께서 나타나셔서
무슨 말로 나를 찌르고 사라지셨습니다.
그 형언할 수 없는 말에
솟구치는 눈물로 베개를 적시었습니다.
왜 울었는지 전혀 알 길 없는
주님이 울었는지 내가 울었는지
기억할 수 없는
아주 깊은
이상한 울음이었습니다.

당신의 아들이 죽었습니다

....

나 때문에

바보짓은 그만 하자

죽어가는 것들을 외면하는
바보짓은 이제 그만 하자.

스러지는 것들을 짓밟는
사나운 짓은 이제 그만 하자.

눈물짓는 자들로부터 돌아서는 것은
네가 외로움의 병을 앓고 있다는 것이다.

아파하는 자의 손을 꺼리는 너는
네 가슴 어딘가 커다란 아픔이 도사리고 있기 때문이다.

너 왜 빈 들에서 혼자 울부짖고 있느냐
너 왜 어둠 속에서 흐느끼고 있느냐

우리 병든 것들과 죽어가는 것들과
그렇게 그렇게 안고 보듬고 나누다보면
너도 병들고 아파하고 죽어가는 것이 아니겠느냐

사랑하는 일을 하자

사랑하는 일을 하자, 아주 따듯이
처마에 달린 고드름을 녹여 내리듯이

사랑하는 일을 하자, 아무 말없이
모래사장에 패인 상처를 지우는 밀물의 포말처럼

사랑하는 일을 하자, 아무도 모르게
밤새 신발 가득히 채워진 하얀 눈처럼

사랑하는 일을 하자, 아주 오래도록
거친 돌 하나 끌어안고
사철 노래하는 여울물처럼

사랑하는 일을 하자, 아주 조용히
이름 없는 별들이 새벽빛에 사라지는 것처럼
이름 없는 들꽃들이 진 마른자리처럼

주님, 당신의 발을 씻고 싶어요

주님, 마리아의 그 정성과 사랑으로
그렇게 당신의 발을 씻고 싶어요
비록 값비싼 향유는 아니지만
자스민 잎을 우린 따스한 물에
분꽃 달맞이꽃 네댓 잎 띄워 놓고
당신의 못 자국난 발을 씻고 싶어요
당신 앞에 무릎을 꿇고
그때의 그 아픔의 흔적을 매만지며
솟구치는 눈물을 물에 풀으며
천천히 아주 천천히
당신의 마음 안으로 헤쳐 나아갈래요
당신의 발가락 사이사이
당신의 발가락 하나하나 짚어가며
저에게 베푸신 용서와 은혜를 새겨볼래요

마침내 주님,
당신의 아픔 서린 하얀 두 발등
내 초라한 영혼 앞에 빛날 때
그 가운데로 주님, 내 얼굴을 묻고 싶어요.
내 존재 전부를 묻고 싶어요

예수님은 거기 계셨다

디베랴 바닷가에
시공을 잊은 은빛 물결이 일었다.
바람은 수면에 뜨고
솟아오르던 해와 가라앉던 달이
갑자기 멈추어 섰다.
영의 하늘이 열리며
천국의 빛이 쏟아졌다.
베드로가 탄 배의 갑판에
밤이슬 맞아 소름 돋은 제자들의 팔뚝에
핏발선 눈들에 알 수 없는 빛이 이글거렸다.
"애들아 너희에게 고기가 있느냐"
"그물을 배 오른편에 던지라"

빛으로 오신 예수님은 거기 계셨다.
디베랴 바닷가에서 숯불을 피워 놓고
생선을 구우며 우리를 불렀다.
153마리의 천국의 고기를 담은

찢길 듯한 그물을 육지에 끌어올렸다.
"와서 조반을 먹으라"

시공을 초월한 예수님은 거기 계셨다.
완전한 사랑의 형상이
죽음을 벗어난 또 하나의 육신이
천국의 떡을 떼어 우리에게 주셨다.
그럴지라도 우리는 분명히 보았다.
사랑에 목말라 하는 그의 모습을
시름이 가시지 않는 그윽한 눈에
보석인지 눈물인지 헤아릴 수 없는
영롱한 그것을 우리는 분명히 보았다
"네가 나를 사랑하느냐"
"네 양을 먹이라"

손과 발에 못 자국 그대로
십자가의 고통이 채 가시지 않은 얼굴로

예수님은 거기 계셨다.
십자가를 매었던 그 어깨를 약간씩 들먹이며
천국의 고기를 발라 우리에게 주셨다.
다시 사신 예수님의 음성은
겟세마네 동산에서 기도하던 그대로였다.
애달파 하는, 심장 깊은 곳에서 우러나오는
그의 떨리는 목소리를 우리는 잊을 수 없었다.
"네가 나를 사랑하느냐"
"내 양을 치라"

바람이 수면으로부터 다시 일어나
사해 쪽으로 쏠리고 해가 솟고
달과 별은 물 속에 완전히 잠기었다.
디베랴 바닷가에 하늘이 물러가고
그의 육신은 빛으로 빛으로 누리에 퍼지고 있었다.

가을 한 보따리 싸 갖고 가도 되나요

- 떠나는 선교사님에게 드리는 시 -

가기 싫어요
떠나기 싫어요

어렵사리 피어난 사막의 꽃들은
사납게 몰아치는 모래 바람이 무서워요
별들도 어는 밤에는
뼈까지 시린 외로움이 견딜 수가 없어요
앙상한 손가락들이
내 속에 있는 창을 버걱거리고
반군의 총성이 푸른 달의 뇌리를 스치던
그 날을 기억해 봐요.

가기 싫어요
떠나기 싫어요

분꽃 백일홍 맨드라미 봉숭아
그렇게 그리던 꽃들이 나의 품에 있어요

붉은 흙은 나의 살
쪽빛 강은 나의 가슴이에요

달빛이 마당에 출렁이면
어머니의 하얀 고무신이 거룻배처럼 떠 있고
가을을 알리는 사신이
부뚜막에 기어들어 첫울음 토하는 한 밤
뒤란에는 솔바람 댓잎 바람
솨 솨 무너져 내리는군요

여보

그러지 말아요
마음에도 없는 그런 말 말아요
파리 떼에 유린당하는 그 초롱한 눈, 눈,
눈 뒤에 있는 영혼들을 지금도 껴안고 있잖아요
그들의 병, 에이즈의 고통까지도 사랑하고

그들을 덮은 거적 위에
눈물을 쏟던 당신 아닌가요

그러지 말아요
주님 앞에 이런 여린 모습 당치 않아요
우리에게 애초 고향은 없소
오직 천국이 있을 뿐이오
내 오른팔을 꺾어서라도
십자가의 나머지 형상을 완성해야 되지 않소

본토 아비의 집을 떠나라
니느웨로 가라
여인이여, 베들레헴으로 가라 하지 않소
십자가는 머무름이 아니라
가고 떠나는 것
당신의 수술 자리가 아무는 그 날
장막을 걷읍시다. 여보

미련은 재로 만들면 되니
동산 들국화 밑에 묻어 버리고
황금색 은행잎 자욱이 깔린 그 길을 지나
은빛의 예배 올리는 그 강을 건넙시다.

참, 하나님, 이 나라 가을 한 보따리 싸 갖고 가도 되나요.

결단

힘찬 떡갈잎들이 하늘을 떠받치고
그 위에 황금 거미가 금색 실을 쏟아낸다.
성하의 은총이
깊고 뜨겁게 밀려온다.
살아 있는 것도 감사한데
나를 이토록 찬란히 감치는 분은 누구인가?
내 몸 속에 심장을 묻어주시고
자신의 피를 다 쏟아 살리신 분
그분을 기다리는 것밖에는
그분을 사랑하는 것밖에는
내 이룰 소망 어디 있으랴.
오히려 섣부른 사랑 끝에 지쳐 돌아온
이 생의 한 중간
큰 나무는 여전히 꿋꿋하고
큰 나무 밑에 기대인 나는
시름 한 줌, 눈물 한 줌 섞어 밑동에 묻고
결국 아무 것도 아니다.

아무 것도 아닌 것이 무엇인 양하고
바지런히 살아온 세월이다.
어디선가, 바람이 인다.
바다와 산과 들의 모든 푸르름을 데불고
천국의 심연을 건너서 온다.
잎들이 일제히 떨며 저마다의 춤을 춘다.
영과 혼과 육의 모든 촉수들이 물결처럼 인다
그렇다, 나는 사랑해야겠다.
또다시 사랑해야겠다.

네 영을 마시고 싶구나

목마르다
그것은 내 영혼을 찾는 소리
뼛속까지 피와 물을 다 쏟으시고
마지막 남은 소원
아, 목마르다.
너를, 네 영을 마시고 싶구나

왜 사랑은 마음이 아픈 것일까

왜 사랑은 마음이 아픈 것일까
그러다 정 지치면
저 살구꽃처럼 훠이훠이
자신을 날려보내는 것일까
복받치는 꽃울음 울며
자신을 지우는 것일까
나의 무엇을 가져가다오
나의 전부를 가져가다오
님의 그 빛나는 눈물
나는 보았기로
님의 피로서 쓴 사연
나는 들었기로
님의 떠나간 길을
홀가히 꽃잎같이 걸으려 하오

님의 눈물

님의 눈물은 지상에서 가장 아름다운 꽃
가장 순결한 꽃
따스한 꽃
눈물이 주르르 흘러내리면
알 수 없는 의미가
호수의 파문처럼 퍼져나간다.
님의 눈물은 말을 하지 않는다.
아무도 모르게 피어났다
아무도 모르게 떨어진다.
외지고 후미진 곳에서
돌아가지 못하는 바람을 껴안고
밤을 지새기도 한다.
님의 눈물은 가난하고
누추한 자리에만 피어난다.
헤어지고 상한 마음의 밭
눌리고 핍박받는 영의 언저리에
가냘픈 몸부림으로 뚫고 솟아오른다.

님의 눈물이 지면
사랑과 아픔이 섞인 핏빛 노을이 남는다.
헤어짐의 길 위에 핏빛 꽃잎들이 널린다.

예수님 한 분밖에는

예수님 한 분밖에는
이 세상에 의지할 이 아주 없네
이 세상에 보이지 않지만
내 마음속에 사랑이
뭉클뭉클 솟아오르네.
손바닥에 무지한 못 박힐 때
옆구리에 시퍼런 창 꽂힐 때
그 때를 나는 다시 기억하네.
그 때의 저린 아픔이
내 여린 가슴을 흔들고 있네.

예수님 한 분밖에는
이 세상에 의지할 이 아주 없네.
병들어 썩어져 가는 내 가슴에
적셔드는 피가 님의 피였는지
나는 진실로 몰랐었네.
로마 병정의 채찍에 살점을 뜯기며

골고다 길에 뿌리운 그 피였다네.
십자가 양켠에서 뚝뚝 떨어지는
바로 그 피였다네.
십자가의 그 높음을 우러러
나는 떨며 님을 바라보네.
아아 나는 보았다네.
고통과 사랑이 범벅이 된
지상에 가장 아름답게 맺힌
그 빛나는 눈물을 나는 보았다네.

영의 모습을 볼거나

아픔이 굳고 굳어
당신의 육신은 바위 덩이같이 딱딱하구려
시든 잎사귀 같은 손마디
마디마디 만져 볼거나.
아아 얼마나 따스한 손이었는지
그 갈라진 눈 새로 스며 나오는 물기
방울방울 적셔볼거나
아아 얼마나 따스한 눈물이었는지

이빨 하나 없이 우물거리며
가래 끓는 소리에 담겨오는 영의 소리
당신 가슴 안창을 훑고 지나가는 사랑의 썰물
그 아늑히 물러나는 소리를 들어볼거나
어스름 갈릴리 해변을 떠나
겟세마네 감람나무 가지들을 흔드는
그 신묘한 바람 소리를 들어볼거나

한 평의 차디찬 방바닥에 던져진
노인네라고 병들었다고 함부로 던져진 당신
썩어 가는 몸뚱이 속에서 새어나오는
희미한 흐느낌은 누구의 것인지
여기 육신의 그림자가 걷히는 현장
손마디 마디 남아 있는 온기는 누구의 것인지
마지막 안간힘으로 맺힌 이슬은 누구의 것인지
혼신을 다해 기도하는
성스런 영의 모습을 볼거나

감히 말할 수 없습니다

우리를 구원하기 위해
독생자 아들을 죽게 하신
그 사랑 앞에서
주님을 사랑한다고
감히 말할 수 없습니다.
우리의 죄를 다 뒤집어쓰고
십자가의 형틀에서 피를 흘리신
그 대속 앞에서
우리의 죄를 용서해달라고
감히 말할 수 없습니다.
우리를 위해
아버지께 심한 통곡과 눈물의
기도를 올렸던
그 중보 앞에
우리는 주님을 위하여 살겠노라고
감히 말할 수 없습니다.

본향의 언덕에서

나를 추슬러
삶의 남아있는 것들을
훌훌 털어 버리고
솔잎 바람과
댓잎 바람이 만나는
오솔길로 들어서서
한참을 가다보면
그리운 나의 본향
나를 맞으리
산야엔 나리꽃 양지꽃
별꽃 달맞이꽃
끼리 모여 손짓하고
누런 밀밭이 물결 짓고
그 물결 따라 구릉을 오르면
가슴을 덮어오는 저녁 강이여
보고 싶은 이 있어
이태껏 걸어 왔다오

이태껏 살아 왔다오
이 세상의 마지막 언덕 위에
한 그루 포플러와
하나인 나,
나란히 서서
시방 바라보는 것이
석양을 꼬옥 품고
붉게 물들어 가고 있는
엘리 엘리의 강이런가
찬란한 갈망으로 떨고 있는
포플러 잎들이여

제 2 부

혹독한 기다림

빗속의 길

빗속에는 아무도 걸어보지 못했던
또 하나의 길이 나있다.
육신이 영을 만나기 위하여만
혼자서만 가야 하는 길
나는 걷고 걸어야 한다.
자꾸 안겨오는 쓸쓸함은 마다하지 않으리
알맞게 슬퍼지면 슬퍼지는 대로 어떠리
사랑한다고 한 사람들을
슬며시 떠나야 한다.

님은 나를 기다릴 것이라는
오로지 이 한 믿음,
이 생명을 밀고 이 걸음을 밀고 있다.
손에 든 것 없고
가슴에 품은 것 없다.
가끔은 설익은 회상들이
빗물에 번득이기도 하지만

발길에 차이는 낙엽의
가벼운 것 외에 아무 것도 아니리.
늦가을 빗속에
영원으로 연결되는 길
내가 태어난 곳으로부터
돌아가는 길
기러기 떼 하늘 길 열어 가는 것처럼
검은 구름 헤쳐 가는 달처럼
나는 줄곧
아무 생각없이
아무 말없이 걸어야 한다.

숲 속에서 I

어둠이 이처럼 아늑할 수가 없다.
만남도 끝나고 헤어짐도 끝난
숲 속의 길은 입을 꼭 다물었다
자신의 모든 것을 훑어 내리며
가으내 고생하던 나목들, 이제
하얀 달빛을 몸에 바르고
산고를 끝낸 여인의 사지처럼
평안의 잠에 잠겨있다.
돌아보건대 아픔은 그렇게
참을 수 없는 것이 아니었다.
오히려 눈물로 웃을 수 있던
얇은 미소로 반짝일 수 있던
포근한 그런 것 아니었을까?
한때 저 자신도 어쩌지 못한
육신이었거늘,
어슬렁거렸던 그림자의 세월이었거늘
누구도 저를 이끌 수 없다고

바둥대며 홀로의 길을 걸어왔다.
허지만 이 안식의 처소에 들게 한 것은
지금 달의 뒤에 숨어버린
옛 바람이거나, 아니면
돌아온 혼들의 사이 사이를
휘돌고 있는 알 수 없는 존재 하나
그의 꿈, 거룩한 그의 꿈일 게다.

강가에서

I

아아 누구의 가슴이 저렇게
펼쳐져 있는 것이냐
강판은 온통 은빛 비늘의
반짝임
저게 다 사랑의 세포란 말이냐
몇 번의 헤어짐과
몇 번의 찔림에
구멍난 심방을 점령해오는
기이한 물질이여
안고 싶어라 안고 싶어라 하고
쉽없이 퍼져오는 파문이여
주름 깊은 님의 손길이여

II

하나님! 차마 부를 수 없어
마음 보자기에 담아온 낙엽들만

훠이훠이 강물에 날리고
'이 미친한 저를, 이 미친한 저를'
되뇌이며 마른 갈대밭 속으로
검은 자취 같은 육신 하나 묻는다.
날선 바람 한 줄기가 그 뒤를 따라 들어간다.

III

너라고 별다르겠느냐 어여 오너라
그 동안 고생 많았지
말간 나의 사랑하는 영혼아
핏빛 저녁강에 너를 비춰 보아라
나의 손을 잡고 누워 보아라
사랑은 언제나 성결한 물에
이렇게 피로서 번져오는 것이란다.
너를 갖기 위하여 너를 품기 위하여

Ⅳ

별은 기다림에 대한 선물
하늘이 내려와 강판에 누울 때
우수수 쏟아지는 보석들
이 밤 강가를 거니는 자는
내가 아니다. 부서져서 풀어져서
영롱한 실체로 빛나는
생명의 껍질을 벗은 또 다른 생명
하나님의 가슴 어딘가에서
펄떡이며 헤엄치는 기묘한 영체이리라.

봉숭아 꽃잎

떨어진 봉숭아 꽃잎들은
지쳐 쓰러진 여름의 발자국들이다.
저 세상으로 떠난
사랑하는 자의 마지막 말들이다.
연분홍빛 라마 사박다니
가없는 엘리 엘리의 메아리가
머문 곳이다.
하늘이 무릎 꿇은 모습
저 푸르름이 피 흘리는
저 드높음이 눈물 흘리는
마침내 하늘이 땅에 쓰러진 것이다.
아아 하나의 영혼을 안고
죽음 직전의 나를 껴안고
산화하신 것이다.
떨어진 봉숭아 꽃잎들은
거룩한 하늘이 비참히 찢겨진
파편들이다.

혹독한 기다림

이제는 돌아앉아 하나님의 이름을
가만히 불러 봅니다.
천지의 깊음 속에 퍼져 나오는
비밀한 소리에 귀 기울여 봅니다.
님의 스침에 갈참나무 잎들이 떨어지고
방울벌레 울음을 밟고 오시는가
해질녘 가을 강을 출발한 밤바람을 타고 오시는가
푸른 달빛 병을 앓고 있는 내 생의 창이
잔잔히 떨리고 있습니다.
사립문 밖에서는 마른 수숫잎들이
서로의 갈망을 비비고 있지만
뒤뜰 대나무들의 휘어지는 몸부림은
떨어버릴 수 없는 본능의 여진이지만
주님, 이 처소에 발길을 거두지 마소서.
이 미천한 시월 생,
외진 하늘가에서 따온 별과
찬이슬 섞어 빚으신 두 눈에

눈물이 넘쳐옵니다.
여울물 소리 한 가락 잘라 지으신 목청은
주님의 사랑 한 줌, 애타게 갈구합니다.

혹독한 기다림이었습니다.
주님의 옷자락 끄는 소리가 마당에 이르니
낙엽들이 일제히 뒤척입니다.
제 육신은 어느새,
다소곳 앉은 국화꽃 한아름
모든 봉오리 노랗게 다 벙글고
님을 맞겠습니다.
온 힘, 온 마음을 다해
향기를 피워 올리겠습니다.

그리운 님에게

하나님께 막 달려가고픈
삭은 내 골육을
님의 가슴에 날려보내고픈

억새풀들 휴거하는 계절입니다.

갈바람에 몸을 맡기고
이 들판 저 강둑을 쏘다니다
거무레한 한 점되어
홀로 홀로 돌아와서
구절초 꽃 한아름을
님의 전에 올리옵니다.
주님의 핏빛 물든 빠알간
낙엽들, 님의 전에 뿌리옵니다.

하나님, 이 저녁 저에게 주시는 것은
왜 그리움뿐인가요?

아무리 애써도 떠올릴 수 없는
알 수 없는 이여!
오늘도 황혼 속에 떠오른 십자가
이내 사그라졌습니다.

바람에 내 영혼이 오그라듭니다.
찬 이슬에 목이 메어 옵니다.
이제 주님의 전에 기어들어
저의 육신, 저의 눈물, 저의 목청
다하여 우는 일밖에는 없을 것 같습니다.
한 마리 귀뚜리처럼

50번째 맞는 가을

보름 밤 동산에 올라 보니
풀벌레 울음이 갈바람에 쓸려간다.
나의 못난 이야기들이 실려간다
죄와 허물, 가난과 욕심, 정욕과 미움
잘도 짝지어 나돈다.

넋 나간 소나무 밑에 약속인 양 서있으니
푸른 달이 무심코 내 맘에 들어온다.
들어오다 뾰족한 솔가지에 살이 찢긴다

남은 생명을 당겨 하늘을 쳐다보면
몰려오는 설움, 가슴 벽을 허물고
내 안에 일군 수만 평 메밀 꽃 무리를 서녘으로 이운다

50번째 맞는 가을,
내 손을 꼭 붙잡고 왔던 별이 보이지 않는다
나의 별이 없다
푸른 달의 푸른 피가 두 눈에 가득 고인다.

거룩한 보

방울벌레는 가냘피 날로 울고
귀뚜라미는 애달피 씨로 울어
밤새도록 한 폭의 보가
섬섬히 짜여지고 있다.
듬성듬성 별도 박아놓고
가운데는 갈빛 낙엽 한 잎 얹어 놓은
거룩한 영육을 감쌀 보
달빛처럼 하얗기도 하고
밤하늘처럼 푸르스름하기도 한
세마포 한 장이
마침내
새벽 안개 위에 드리워지고 있다.
잠시 죽었지만
다시 살아날
성스런 육신을 맞고 있다.

가을엔 난 껍데기로 남아

가을엔 영혼일랑
혼자 멀리 떠나 보내고
난 껍데기로 남아
마른 수숫잎같이 스스스
밀려오는 찬바람에
남아있던 최후의 감성을 떨어본다.
본체로부터 빠져나간
마음 한잎 한잎 마당에 널리고
유년의 암갈색 추억은 장독 위에서
달빛에 빛나고 있다.

귀뚜리가 우는 골방을
잠시 빌린 육신
한낱 껍데기로 남아
죄의 일지를 뜯어 태운다.
재, 마음의 것은 검고
몸의 것은 하얀 그것 외에 더 무엇이랴?

뒤뜰 대나무 잎 사이사이 끼어 자는
바람의 뒤척이는 소리
그 소리에 얼핏 깨어난 것이
나의 탄생이 아니었던가?

빈 가슴이 울고 있다.
또 하나의 풀벌레 울음.

짧은 생각들

Ⅰ

나는 거세되어야겠다. 그것이 결론이다.

Ⅱ

고물상 앞에서 녹슨 철판 같은 얼굴로
멀뚱히 서있는 것이 바로 나였다.

Ⅲ

오늘 나는 누군가를 사랑하지 않으면
죽을 것 같다.

Ⅳ

아아, 가련한 먹고 사는 일이여
이게 뭐란 말인가
코피가 주르르 흐른다.

V

더 이상 말은 필요 없다.
까칠 까칠한 살갗,
떨어지는 피의 번짐,
입안에서 느끼는 눈물의 짭짤함,
더 이상 말은 필요 없다.

VI

존재는 투기다.
네 존재 전부를 걸라
그렇게 할 수 없다면 떠나라.

VII

이 땅에서 살아감이란
선택한 별 하나 손잡고 걷는 것이런가?

Ⅷ

이제 모든 것이 끝났다고 생각하는 순간부터
매미는 울부짖기 시작했다.

님의 계절

님의 모습이 애처롭게
찢겨져 날리는 계절입니다.
님께서 그러하신데
마음 둘 곳 없어
달려가 안기고 싶어도
님의 옷자락에 폭 싸이고 싶어도
멀리 뒷모습만 뵈입니다.
사람들은 낙엽이 굴러가는 것처럼
흩이지고 흩어진 후에는
영영 소식이 끊어집니다.
저희들을 남겨두시고
님이 가신 하늘 길
시리도록 높아 고개를 숙이면
살아가는 것이 더욱 허전해집니다.
단호한 발길인 양하고
갈대밭 속으로 들어가
갈대 잎들과 같이 서걱서걱

울기도 하고
탈곡한 볏단처럼 강둑에 누워
달지근한 햇볕을 빨아 봅니다.
모두 님을 그리는 헛된 몸짓들
가을 바람으로 떠도는
님의 서늘한 숨결이
나의 까칠한 볼을 스칠 뿐입니다.

가을의 막판

그리움이 서러움으로 변하는
가을의 막판에 서있습니다.
노랗게 벌겋게 타던 속마음이
갈빛으로 질리며 떨고 있습니다.
나의 안창으로부터 마구 터져 나오는 것
만날 수 없다는 결론 이전에
오간 모든 편지들을 흩날립니다.
곪은 사랑 위에 앉은 상처 딱지들을
생살에서 뜯어내는 것입니다.
싸늘한 바람의 힘이 아니면
할 수 없으므로
이때다 단호히 도리질하며
한 잎 남김없이 다 버리는 것입니다.
마음 하나 장사 지내면 그뿐
그것이 거름되어 새 마음 돋아나면
똑같은 꽃과 똑같은 잎을 피우며
똑같은 사랑을 하면 되는 것입니다.

한 겨울 시린 외로움
잠시라고 생각하면 되는 것입니다.

이젠 돌아가자

이 땅에서는 님에 대한 그리움으로
지쳐있는 시간들입니다.
더욱이 가을이 오면 말입니다.
정말 견딜 수 없는 나날입니다.
아무 말도 하지 않았는데
황금색 은행잎들이 마구 떨어집니다.
이번 비에는 떠나가리라
이번 바람에는 사라지리라
모두 버르고 있습니다.
돌아가고자 하는 각오
그것은 살아있는 것들이
오진 슬픔 속에서 꿋꿋하게
서있는 이유입니다.
세찬 비바람 칠 때 오히려
이 땅에서 살던 기분들을
다 훌치는 기쁨에 빠져듭니다.
이 가을날 천국 문이 반쯤 열려져

기러기의 행렬은 높고
단풍잎들은 스스로 너무 붉음에
자지러졌습니다.
기어이 안으로 들지 못하고
바깥을 빙빙 돌던 나도
돌아가는 채비를 하고 있습니다.
이젠 돌아가자.

국화꽃을 만져보는 것은

찬이슬 젖은
노란 국화꽃잎을
만져보는 것은
내 생애
한 번도 없었던
알 수 없는
또 하나의 슬픔을
만나는 것입니다.
님의 젖은 머릿결을
쓰다듬는 것입니다.
눈물로 밤을 지샌
핼쑥한 얼굴을
감싸보는 것입니다.
영생의 문 활짝 열고
가슴 안 모든 것을
보여주려는
님의 갈망이

내 영의 내실에
금빛으로 퍼져오는 것입니다.

나는 없다, 내 것은 없다

코스모스 마음처럼
가을 바람 따라 가다 보면
어느새 이르는 곳,
내 존재의 발상지,
우거진 갈대 숲을 헤집고 들어가
새처럼 둥지를 만들고
누우면
목쉰 바람 소리만 들려온다.
하늘이 내려온다.
잘 자거라 내 영혼아
달 뜨면 일어나거라.
그리움 때문에 잦혀지고
외로움 때문에 엎어지는
육신일랑
솜구름 그림자로 덮고
별 박힌 어스름으로 또 덮어라.

나는 없다.

내 것은 없다.

다만 내가 사랑했던 모습들이

주르르

눈가로 흘러나와

달빛에 몸을 적시는구나.

우주가 부서지고 있다

우주가 내려앉는다.
하늘을 등에 업고
천년은 바람을 타고
천년은 강을 흘러
넓은 플라타너스 낙엽 하나가
오늘날 이 도시에 도달했다.

찢어진 마음들과
병든 사지들과
그리고 아주 어려서 죽은 영들을
보물인 양 가슴에 꼭 품고,
걸인처럼
해지고 오그라든 모습으로
비오는 거리에 내려앉았다.

보도의 한가운데
엎어진 우주를 사람들은 밟고
또 밟고
엘리 엘리 라마 사박다니
부서진 뼈, 터진 살갗,
비에 씻겨 내려가는 피,
우주가 부서지고 있었다.
별들이 시름시름
빛을 잃어가고 있었다.

사랑을 애걸하는 당신

갈참나무에 매달린 마른 잎들
파르르 수족을 떨며
나머지 세월을 살아보려고
반백 년 지침의 끝자락에 있는 나를
이 하잘것없는 나를
거두지 않는 바람의 의미를 알고 싶다.

사랑에 굶주린 나의 쭈글쭈글한
내면을 쓰다듬는 손길이여
겨울의 꺼져 가는 햇볕으로라도
정성껏 공그르며
죽음에 이르기까지 자신의 모든 생기를
다 불어 바치는…….
아, 이처럼 하나님과 사람의 사랑은
애틋한 것인가

서로가 얼마나 울었는지
물기 하나 없는 푸수수한 모습으로
저무는 세모의 들녘에
오랜 세월 사랑을 뿌리쳤던 너는 누구더냐
사랑을 애걸하는 당신은 누구십니까

둥지

하늘을 바라보고
나무 끝에 지은 둥지가
바람에 위태롭다.
거센 나뭇가지들의 몸 틀임에
얼마나 배겨날 수 있을까
이 땅에 잠시 머물 동안
부르심이 있을 그날까지
기다림의 처소였는데.

오늘은 유난히 삶의
밑 부분이 심하게 흔들린다.
본토 아비집을 떠나라 떠나라
뒤돌아보지 말고 가거라.
사랑이라는 이름으로
귀중한 것이라 하는 것들을
품고 눈감고 있으면
바람의 소리는 늘 그렇다.

둥지를 파고드는
날선 바람은 변함이 없다.
나무 끝에 지은 둥지엔
주인이 없은 지 오래고
지금은 노을 빛이 가득 고여 있다.

간이역의 코스모스

간이역 한 모퉁이에
바람이 데려다 놓은 코스모스 꽃
여기 내가 왜 와있죠
누구도 헤아릴 수 없는
여덟 잎의 미소, 연분홍 소망
사랑하던 님을 잃은 곳이
내 인생의 출발점이요
사랑하던 님을 다시 만나는 것이
내 인생의 전부라오
어쩌면 그것이 영원의 길일지라도

오늘밤도 달빛이 내리니
님께 부치는 편지를 쓸 것이고
방울벌레야, 내 편지를 읽어다오
바람아, 내 편지를 실어가다오

다하지 못한 말들은
따사로운 가을볕을 만나면
님을 닮은 아들이 되기도 하고
딸이 되기도 하리니

가을 소묘

가을 하늘에 내 영혼을 점거 볼거나
분홍 하양 빨강 물결 일렁이는
코스모스 꽃 바다에
허한 이 몸을 배처럼 띄워 볼거나

방금까지도 떠있던 구름 한 조각
온 데 간 데 없고
하늘만 더 깊이져
더 이상 그리워할 수조차 없네

잡초들에게 멋진 이름 불러볼거나
며느리 배꼽, 처녀 치마,
까치수염, 바보 여뀌…….
나도 너네들과 다름없는 털 벗은 짐승
바람아 바람아,
나에게도 이름 하나 붙여주려무나
병쟁이 엉살이 별바라기

오는 것은 하나도 없고
자꾸 가기만 하는
흘러가기만 하는
산과 들에 있는 모든 것들,
거리의 사람들, 낙엽들,
한 무리의 철새 떼가 천국길을 열며 가누나
비가 내리리라
살아있는 것 하나가
또 그 빗길을 떠날 것이다.

가을 단상 I

하늘에 존재의 의미를 새기지 못한 것들이
퇴각하기 시작한다.
갈색의 군단,
오합지졸의 병사들이 다리를 절며
바람에 밀려간다.
그러나
세상을 이긴 자들은
가없는 에메랄드 군의 한복판에서
새털 의장을 하고 도열하여
신의 사열을 받고 있다.

가을 단상 II

한 때 아이들의 노랫소리가 지나갔다
억새 신랑과 구절초 신부의 행진도 끝났다.
가을을 가득 실은 열차의 꽁무니가
지평선 끝에 머무르자
온 천지가 나를 뒤로하고
뉘엿뉘엿 넘어가고 있다.
오직 이 한 몸
철길 옆에
사랑이 모두 끊어진 어스름 속
떠나가지 못하고 있다.

사람들은 모두 외로움의 기술자

사람들은 모두
외로움의 기술자들인가 보다.
주 없이도 살 수 있다는 당참,
오진 슬픔도 잘도 씹어내며
가을 찬비를 마다 않고 골수까지 적셔본다.
떠나는 일에도 죽는 일에도
줄서기를 잊지 않는 꼼꼼함
어떤 바람에 어떻게 떨어져야 하는가.
빙그르르 허공을 돈 후의 여운
그것이 전부인 것이다.
아무 것도 아닌 실체가
아무 것도 아님을 선포하고 쓰러진
그 후의 침묵이 흐르는 길

비를 맞는 낙엽들인 것이다.
파고드는 빗물의 사무침을 모르는
백치 영들의

웃는 것도 우는 것도 아닌 모습들
자식을 잃은 에미의 마음을
아는지 모르는지
떨어진 잎사귀 하나하나
주의 애달픔이 빛나건만
죽으면 그만이지 하고 널브러진
사람들은 모두 비를 맞는 낙엽인 것이다.

마음을 하늘에 점거보고픈

마음을 옥빛 하늘에 점거보고픈 계절입니다.
영육이 님의 생각으로
갈댓잎처럼 바짝 마르는 때가 온 것입니다.
사람들은 더 멀어져 가고
멀어져 갈수록 사랑이 고파 옵니다.

주인님
내가 이 땅에 있는 동안은
오로지 편지밖에 띄울 수 없다고 하셨던가요
황금빛 사연들로 나의 뜨락을 채우시고
산과 들에 은혜의 자수를 놓으십니다.

이제 돌아옵니다.
낙엽은 나무들의 돌아옴입니다.
땅거미는 해의 돌아옴입니다.
주인님
죽음은 필시 사람의 돌아옴일진대

나는 여기 머무르며
기러기 떼의 드높은 돌아옴을 우러르고 있습니다.

하늘에 계신 나의 주인님
나는 세상의 한 바다 한가운데 혼자입니다.
님의 품에 살그머니 기어들고 싶은
아니 영혼은 이미 님의 마음 안에 있고
나는 이 세상에서 껍데기로 떠돌고 있는지 모릅니다.

하루

모든 것이 섭섭하기만 한 하루가 간다.
너네들과의 굳은 악수도
신에게 올렸던 기도도 다
꽃의 떨어짐과 같은 여운이 아니겠는가
정말 만나야 할 것을 만나지 못하고
정말 사랑해야 할 것을 사랑하지 못한
하루가 간다.
내 안에는 가엾은 것들,
가난한 것들,
상처 난 것들이 널려 있고
스스로의 발길에 차이고 밟힌다.
누군가와 같이 울고 싶어
마음과 마음이 부둥켜안고 싶어
그럴 수 없는 것이 섭섭한 것이다.
허전한 것이다.
웃어도 기쁘지 않은 것이다.

나는 왜 저녁 노을이 지는 들녘을
한 마리의 새처럼
맴돌고 있는 것일까?

연 날리는 아이

드넓은 하늘을 당기는 아이가 있다.
바람을 잘도 낚아채며
하늘과 땅의 인연을
그 팽팽한 인연을
얼레에 감았다 풀었다 한다

내 영이 간 길

하얀 어머니 마음 안
별 몇 송이 꽁꽁 얼고
산토끼 그림자 머뭇거리는
낯선 눈 길
바람이런가
내 영을 업고
대나무 잎을 스치면
눈가루 덧없이
떨어져 내리네
그것이 내 인생 전부
자궁길 타고 흘러와
사나흘 달빛에
몸을 채 풀기도 전에
흩날리는 찰나였다네.

백설부

하얀 눈 송이송이 지상에 도착한다
너의 나, 우리 인간들의
해맑은 영들이다
사람들이 죽으면 저런 순백의 깃털처럼
가뿐히 흩날린단다

잘나고 특별한 눈송이는 없다
가련한 것은
정처 없는 것은
무수한 눈발 가운데서도 여전히 외로운 것은
매한가지다

어떤 것은 아슬하게 가지 끝에 걸리고
어떤 것은 썩어 가는 낙엽의 품에 안기고
어떤 것은 차디찬 양철 지붕에서 떨며
제각기 조용히 몸을 푼다

아무 것도 모른 채 여기 머무르다
너와 나 아무 말없이
손 꼭 잡고 그냥 머무르다
사르르 사라지는 것이다

그러므로 존재하는 것은 사라지는 것이다
너와 나, 우리 모두
하얀 눈 송이 되어
거룩한 침강을 하는 것이다
너와 나, 우리 모두
육으로 왔다가 영으로 돌아가는 모습이다.

미루나무

찬바람 숭숭 새는
나무 꼭대기 둥지 안에
청년의 혼이 죽어가고
그 밑에 잎 하나
눈물 다 마른
홀어머니의 오그라든 가슴이 울고
또 그 밑에 잎 하나
하나님 도와주세요
도와주세요
기도하다 지친 어린 딸
엎어져 있고

황량한 겨울 들판에
미루나무 한 그루 어둠에 잠긴다.

눈물 II

숲 속 길
하얀 눈 위에
별빛 눈물을 뿌려 보아라.
하늘에도 땅에도
자국 남기지 않고 살려는 자는
아픈 미소 지으며 스러지려 하는 자는
눈 내리는 야밤을 택하여라.
유산 된 마음 하나 아무 데나 파묻고
산비둘기같이 안으로 눌러 울어라.
부서지고 싶은 사람아
깨어지고 싶은 사람아
이 바위 위에 무릎 꿇은 바람처럼
울어 보아라.
먹구름 스치는 달의 살처럼
아려 보아라.

이 땅에 있는 듯 없는 듯
살려는 자는
하얀 눈 위에
별빛 눈물을 뿌려 보아라.

조금은 슬픈 채로 살아가리라

조금은 슬픈 채로 살아가리라.
조금은 아픈 채로 살아가리라.
눈물 글썽이는 미소인들 어떠리
힘없이 손잡으며
잊지 못할 사랑 건넨들 어떠리
누구나 한번쯤은 가슴 메이는 헤어짐에
몇 날을 앓기도 하고
친구여 잘 가거라
내 마음의 한 가닥을 잘라 놓아야 한다네.

빗방울이 상처를 파고들 때의
그 쓰라림 아니던가
울며 보리밭 길을 내려오던
소년의 그 아늑한 설움 아니던가
우리네 삶은 여하튼
어머니의 알싸한 가슴
어디메를 헤엄쳐 나와

하나님의 알 수 없는 깊음 속으로
빠져드는 것일세.

저 복사꽃잎들을 보게나
몇 날 며칠 겁나게 피워대기만 하더니
님 그리는 마음의 비늘들을
폴폴 날리기만 하더니
오는 비에 젖고 가는 비에 흐무러졌네.

세상에 영영한 꽃은 없는 법
그래도
웃음을 머금으며 시들어 가거나
아픔을 누르고
엷게나마 웃을 수는 있지 않겠나.

싸락눈

싸락눈을 밟으니
하얀 기쁨이 솟아난다
하얀 눈물이 맺힌다.

제 3 부

거룩한 밤

낙화

우리네 살과 뼈가
진토 되어 뿌려지는
봄날 오후
사람들의 얼굴은
떨어지는 꽃잎들 속에
아득해지기도 하고
지워지기도 한다.
가랑비 한번 맞고
엷은 안개에 한번 묻히고 나면
아무 것도 아닌
수채화 같은 인생의 역정들
무슨 알찬 사랑 있었나
뭐 그리 나눌 사연 많았나
길은 나뉘어지고
우리들은 길목에서 헤어져야 한다.

누구나 돌아서야 하고
돌아서는 순간 남는 것은
어깨가 무너진 뒷모습뿐
날리는 꽃잎들에 묻혀
가비얍게
어쩌면 꽃잎들보다도
더 가비얍게
실려 가는 뒷모습뿐

거룩한 밤

목련 꽃 봉오리가
하나 둘 벙그는 밤
차가운 달빛은 돌돌 말고
외로운 별빛은 꼭꼭 묶어
다져온 알찬 사랑
소리 없이 터뜨리네.
모든 것 주고 싶어
말없이 마음을 쏟아놓네.
엄니의 가슴 안
파고들면 보일 듯한
하이얀 본향
내 숱한 눈물 배어든
무명옷 품이어라.
영을 감싸는 손이런가
한번의 매만짐으로
죽었던 생명 다시 일어서고
잿빛 내 생의 표상들

죄의 부스러기들
순백의 불꽃에 살라지네.
목련꽃 봉오리가
이 땅에 내리는
거룩한 밤

산다는 것은

저녁 종소리
퍼져오니
진달래꽃이
참 많이도
이울고 있네.
뻐꾹새 울음에
한 잎
떠나는 식양에
한 잎
곱게 피운
자기 몸을
떼어 보내네.

아침이면
상큼한 이슬 머금고
밤이면
연분홍 꽃무리에

달빛 일렁이고
허나
산다는 것은
그런 것이 아니고

기도하듯이
마음을 모으고
저려오는 아픔은
깊이 감추고
한 잎
한 잎
차분히
스러지는 것이네.

소녀가 간 길

소녀는 꽃 지는 길을
꽃잎과 함께 날려갔지요.
지금 내가 서 있는 곳에서
그녀가 사라진 길목까지
나는 좇아가리다.
그것을 인생이라 부르며
꽃잎을 밟으며

배꽃 피는 밤

하얗게 타오르는 배나무
자신의 사지를 살라
거룩한 향기를 올리누나.
너와 나의 부끄러운 것들을
재와 눈물로 범벅이 된 추억들을
가슴으로 받고 심장으로 삭히어
4월 둘째 주 그날
거룩한 제사를 올리누나.
하늘이 내려오고 별도 달도
눈 시도록 흰옷을 두르고
모다 엎드린 이 한밤
아픔이 너무 진하여 신음할 수 없는
슬픔이 너무 깊어 흐느낄 수 없는
아아, 님의 몸은, 수척한 가지는
그냥 사랑으로만 사랑으로만
겁나게 타오르는구나.

사랑으로 미친 님의 전부가
내 눈물의 호수 위로
하얗게 하얗게 덮여오는구나.

찔레꽃, 참을 수 없는 그리움

그 시절 사랑의 자리에
찔레꽃 소복이 피었다네.
그녀의 눈, 입술, 귓불
아롱아롱 맺혀 있네.
그녀가 흘린 미소와 말
하얗게 하얗게 솟아올라
나의 가슴에 번져오네.

산골 물소리와 뻐꾸기 울음
섞어 빚은 지난날의 향기여.
아아, 가시 돋친 향기여.
마음 한가운데를 찔리고 말아
발길 돌려 저만치서 눈물짓네.

봄바람 따라 흘러간 그녀
몇 번의 편지되어 돌아오더니
구름 빛 재 한 줌 되어 돌아오더니
별 꽃 되어 나의 창에 박히고
이 봄엔 찔레꽃,
참을 수 없는 그리움이여.

하이얀 그리움

아카시아 꽃 무르익는
오월 한 달밤
하이얀 그리움이 밀려오네.

님의 내음이 심장에 퍼지고
바람이 일 때마다
님의 머리칼이 볼에 스치우네.

눈물을 누르고 떠나간 님은
소쩍새 울음 되어 돌아왔네.
이젠 따스한 손길도 없고
두 눈에 빛나는 말도 없네.

그 한 번의 돌아섬으로
영영 마음과 마음이 끊어진 자리
둘만의 사랑이 매장된 이 나무 아래
님은 향기 나는 달빛
아무 말없이 그냥 이대로
서로를 꼭 안고 있네.

봄비 내리는 이런 날에는

봄비 내리는 이런 날에는
외로운 누군가의 손을 만져보고 싶다.
아픈 추억들을 뼛가루처럼 빻아
빗길에 뿌리고 싶다.
잠시의 애정, 잠시의 설움,
잠시의 기쁨,
화사했던 목련꽃들이 그렇게 지니
내 존재의 본향이 더 그리워지누나.
눅눅한 방에서 반평생 병을 품고
시든 꽃잎보다 더 못한 살을 안고
영생을 꿈꾸는 자야.
남은 세월 서로를 보듬으며
남은 따스함을 나누어 보자꾸나.
소슬비 내리는 이런 날에는
물기 어린 너의 눈을 잠잠히 바라보고 싶다.

깊은 사랑이 일어,
누구이던가
이천 년 전에 던진 큰 사랑의 파문이
내 심장의 안창에 닿을 때까지

복사꽃 휘날리듯

복사꽃 휘날리듯 이 내 몸도 흩어져서
설미친 봄바람 따라 하릴없이 돌고 돌다
님의 넓은 옷자락 밑으로 멈칫하다가 파고드네.

울고 싶다

산에 가면 산비둘기처럼
구구 울고 싶다
바다에 가면 파도처럼 울고 싶다
갯바위를 때리든가
모래톱을 긁든가 하며
예라 솔나무 한 그루 부둥켜안고
쏼쏼쏼 울고 싶다

아, 내 울음은 도시 언제 그치려는가
꽃피면 꽃핀다고
꽃지면 꽃진다고
비오면 비온다고
오월엔 철쭉꽃 붉은 울음을 울어라
꽃잎에 눈물 고이고
눈물에 꽃잎 어리고

목련 III

어젯밤 달이
자신의 살을 도려내어
벗은 나뭇가지 위에
희디흰 저 꽃봉오리 빚어내었네.

어머니 가신 길

황토밭 어디멘가 묻힌 무명 옷 가슴 안으로
시드는 진달랫빛 울음이 스미어든다.
문풍지가 어둠에 삭는 밤
몰려오는 설움에 촛불은 도리질하고
뒤란 소쩍새마저 건넛산으로 몸을 피했다.
어머니는 꽃 몸인지 꽃 지는 철마다 앓으시며
구겨진 손수건으로 눈물을 훔치시며
"아파싸서 눈물 뻗쳐 오는디 어찌한다냐"
가마솥 뚜껑을 열면 피어오르는
하얀 김 속으로 사라진 얼굴 하나
하늘의 종 젖무덤께 묻고 이 방 저 방
영혼 깨우던 그윽한 저음, 이젠 그치고
삼일 마당엔 친한 별 몇 개 상객이었을 뿐
세상의 모든 소슬비 모인 그곳에서
거룻배 한 척 문간을 넘어 하늘로 저어갔다.
슬픔의 강을 건너야 한다 슬픔의 강을
건널 때는 아무리해도 앞모습을 보여서는 아니 되고요

질긴 한 한 오리라도 있거들랑 다 버리시고요
어머니가 떠난 자리는
별똥별이 하늘을 스침같이 아무 흔적 없더니
아, 어머니의 영은
저무는 강의 설레는 물결처럼
피안에 닿고 있었다.

비의 기억

가슴이 아직 말하지 못한 것들
눈물이 되기에는 덜 슬픈 것들
어둔 창문의 빗방울 따라
미끄러 내리는 가냘픈 그녀의 손가락

그녀와의 첫 손잡음으로 열려진
내 인생에 갈 수 없는 곁길
이제는 기다림이 끝나
문드러진 장미 꽃잎만 너절한 길

보도(步道)에 떨어지는 비
빗속에 마주 서 있는 그녀와 나의
젖은 바지와 구두
느티나무 잎새들 위에 잠시 머물다
줄기 속으로 숨은 빗물의 기억

빗소리

바람과 빗줄기와 그리고
그녀의 가장 여린 무엇과 스치는 소리
나의 뼛속으로 흘러 들어오는 선율
마냥 듣고 있다가
가슴속에서 빠져나간 얼이
비석처럼 비를 맞는다.
온 밤 내리는 비를 맞는다.
아무 바램도 없다.
누구도 기다리지 않는다.

세상 저편에서 오는 비

한밤
어둠을 더듬으며
비가 내 맘을 찾아온다.
세상의 저편으로부터
홀로 내 기억의 미로를
헤쳐 온다.
후미진 바닷가 한 곳
해당화 꽃잎 흩뜨리며
벗어 나온 생명 하나
그때 내 붉은 몸을
적셨던 비가
뚜벅뚜벅 걸어온다.
젖은 느티나무를 안고
울던 그 자리
사랑이 끊어진
질퍽한 땅에 엎드린 그 날

어머니도 모르는
병상의 나날들
그리고
비천하고 음탕한 그 번득거림들
내 모든 것을 아는
유일한 자가
내 속, 나의 가장 깊은 곳
내 영혼을 향하여
쉬지 않고
아무 말 없이 걸어온다.

비오는 숲 속에서

한 시절은 갔다.
무언가에서 벗어나려고
그렇게 울어쌓더니만, 늦매미들은
값지다 생각했던 것들이
다 퇴거해 간 나의 심실 같은 숲 속
더 이상 넓을 수 없는 떡갈잎들에게
지나가는 비가 묻는다.
너는 얼마나 사랑을 했니
후둑후둑
잎들은 다시 나에게 묻는다.
너는 얼마나 사랑을 했니
후둑후둑
네가 왜 여기에 와 있니
후둑후둑
인생의 어중간한 데서
너와 나 모두 지쳐 있는 중턱에서
목마름을 채워 줄 무언가를 기다린다.

나무들처럼 비를 맞으며
후둑후둑 나도 말한다.
차라리
나의 형상은 황토 흙으로 빚은 것이니
나를 차분히 녹여 가려무나
스르르 발 밑으로 붉은 흙물이 흐른다.
이렇게 허물어지고 만단 말인가
산구름 한 자락이 건넛산 가슴을 파고든다.
아아, 나도 파고들고 싶다.

숲 속에서 II

잎들이 초록의 끝을 향해 질주한다.
칡 넝쿨은 온 산을 삼킬 기세다.
도도히 하늘을 찔러대는 청년 억새풀들
바람이란 바람은 모두 포위되었고
매미들의 치열한 결전,
차라리 죽기 위한 것인가.
살아가는 것이 지나치다 보면
너무 열심히 살다 보면
이렇게 음울해지나 보다.
먹구름이 서서히 다가와
죄의 그림자를 드리운다.
산새들은 저마다의 울음을 죽지 깊이 품고
고라니며 족제비며 청솔모들의
두려운 눈, 눈, 떠는 잎사귀들,
숲은 완전히 굳어 있다.

그런데 웬걸 여기를 보라.
삭는 백골같이 널브러진 고목나무 둥치 밑에
초롱꽃 송이송이 노란 꽃등이
새 하늘 새 땅을 열고 있으니

하산

빗물이 어둠과 섞여
먹빛이 숲에, 연못에, 오솔길에
그리고 내 얇은 가슴에 배어온다.
산의 적막을 열고 들어오는
비의 무수한 발소리들
급히 내달리는 개울물
찌르라미의 막바지 울음
이 여름의 교향악 속에
나의 가늘한 숨결도 묻어 나오리.
아무 말없이 모두 놓아주기가
이렇게 쉬울 줄이야
너무 깊어서 끄집어 낼 수 없던 침묵도
고요히 사그라지는 것을
터덜터덜 이 빗속에
살아 남은 것은 두 발뿐
내려오는 차라리 침강하는 두 발뿐
회한은 없다 두려울 것도 없다.

오히려 이제 너를 품어 버리겠다.
삶의 밑동에 다다르니
비도 그치는 모양이다
아아, 여름이 다 끝나는 모양이다.